# संभोग संबंधी ग़लतफ़हमियाँ

### संभोग संबंधी मिथ्यक धारणाओं को दूर करने हेतु

## डॉ. प्रकाशचंद गंगराड़े

वी एण्ड एस पब्लिशर्स

**प्रकाशक**

वी एण्ड एस पब्लिशर्स

F-2/16, अंसारी रोड, दरियागंज, नई दिल्ली-110002
☎ 23240026, 23240027 • फैक्स: 011-23240028
*E-mail:* info@vspublishers.com • *Website:* www.vspublishers.com

**क्षेत्रीय कार्यालय : हैदराबाद**
5-1-707/1, ब्रिज भवन (सेन्ट्रल बैंक ऑफ इण्डिया लेन के पास)
बैंक स्ट्रीट, कोटी, हैदराबाद-500 095
☎ 040-24737290
*E-mail:* vspublishershyd@gmail.com

**शाखा : मुम्बई**
जयवंत इंडस्ट्रिअल इस्टेट, 2nd फ्लोर - 222,
तारदेव रोड अपोजिट सोबो सेन्ट्रल मॉल, मुम्बई - 400 034
☎ 022-23510736
*E-mail:* vspublishersmum@gmail.com

**फ़ॉलो करें:**

हमारी सभी पुस्तकें **www.vspublishers.com** पर उपलब्ध हैं

# स्वकथन

**वि**ज्ञान के इस कंप्यूटर युग में भी बहुत से लोग ग़लतफ़हमियों और अंधविश्वासों में फंसे हुए हैं। प्राय: लोगों में यह ग़लतफ़हमी व्याप्त है कि प्रत्येक व्यक्ति को ईश्वर ने एक निश्चित आयु प्रदान की है, जिसके कारण जीवन-आयु की घड़ियां पूर्व निर्धारित हैं। जबकि वास्तविकता तो यह है कि आयु में बढ़ोतरी अथवा घटोतरी मनुष्य के अपने ही हाथों में होती है। लंबी अथवा छोटी आयु होना अतीत के कर्मों का फल नहीं, बल्कि वर्तमान के कर्मों का ही फल होता है। प्राकृतिक जीवन शैली, संयमित आहार-विहार अपनाकर कोई भी व्यक्ति अपनी आयु की घड़ियों में वृद्धि कर सकता है। इसके विपरीत अप्राकृतिक जीवन शैली, असंयमित आहार-विहार अपनाकर अपने ही हाथों से आयु को घटा भी सकता है।

हमारे देश के आम लोगों में ही नहीं, बल्कि पढ़े-लिखे लोगों में भी स्वास्थ्य संबंधी अनेक तरह की ग़लतफ़हमियां व्यापक रूप से फैली हुई हैं, जिनकी तह में जाकर गहरी छानबीन करके उसका वैज्ञानिक कारण ढूंढ़ने की बजाय लोग आंख मूंदकर विश्वास कर लेते हैं और आजीवन उसे मन में पाले रखते हैं। इन्हें वे अपने मां-बाप, दादा-दादी जैसे बुजुर्गों से संस्कार के रूप में बचपन से स्वीकारते चले आते हैं। अत: वे सच जैसी ही लगती हैं, परन्तु सच्चाई से इनका दूर-दूर तक का वास्ता नहीं होता।

वास्तव में देखा जाए, तो ग़लतफ़हमियां हमारी संदेह वृत्ति का प्रतीक हैं। गलती से हम उचित को अनुचित और अनुचित को उचित मानने की भूल कर बैठते हैं। कहा जा सकता है कि संदेह द्वारा उत्पन्न की हुई मानसिक गुत्थी ही ग़लतफ़हमी है। हम गुत्थी को खोलकर वैज्ञानिक आधार पर समझने का प्रयत्न ही नहीं करते। यदि हम वैज्ञानिक दृष्टिकोण को थोड़ा-सा भी समझने का प्रयत्न करें, तो बहुत-सी ग़लतफ़हमियों से बच सकते हैं।

इसमें कोई संदेह नहीं कि स्वास्थ्य की आवश्यकता एवं उपयोगिता प्रत्येक नर-नारी के लिए है। यों तो हम लोगों के बीच स्वास्थ्य संबंधी सैकड़ों ग़लतफ़हमियां फैली हुई हैं, जिनमें से चुनी हुई सर्वोपयोगी ग़लतफ़हमियों का उल्लेख इस पुस्तक में किया जा रहा है। इनकी वैज्ञानिक सच्चाई/हकीकत जान लेने पर आपके मन में बैठी ग़लतफ़हमियां कुछ हद/सीमा तक भी दूर होकर आपको लाभान्वित कर सकीं, तो अपना यह प्रयास सफल समझूंगा। आशा है, अपने स्वास्थ्य के प्रति जागरूक सजग पाठक इस पुस्तक से पूरा लाभ उठाएंगे।

अंत में, इस पुस्तक को लिखने के लिए मैंने अनेक समाचार पत्रों, पत्रिकाओं और ग्रंथों से संदर्भ सामग्री उद्धृत की है, उन सभी के रचयिताओं और प्रकाशकों के प्रति मैं अपना आभार प्रकट करता हूं।

भोपाल (म. प्र.)                               —डॉ. प्रकाशचंद्र गंगराड़े

# विषय-सूची

# वीर्य की एक बूंद खून की 40 बूंदों के बराबर होती है?

## ग़लतफ़हमी का आधार

यह धारणा सर्वथा गलत है। यदि वास्तव में वीर्य की एक बूंद खून की 40 बूंदों के बराबर होती, तो फिर प्रत्येक विवाहित पुरुष रक्ताल्पता (अनीमिया) का शिकार मिलता, क्योंकि वह कभी रोज, तो कभी 2-3 दिन के अंतराल में संभोग कर वीर्यपात करता ही रहता है।

## कैसे बनता है वीर्य?

वीर्य की उत्पत्ति शुक्राशय में होती है। पौरुष ग्रंथि (Prostate gland), काउपर्स ग्रंथि (Cowper's glands) जिसे बल्बो यूरेथरल ग्रंथि भी कहते हैं और शुक्राशय ग्रंथि से निकलने वाले तीनों प्रकार के स्रावों के मिश्रण से वीर्य (Semen) बनता है। अत: यह समझ लें कि वीर्य की उत्पत्ति खून से नहीं होती। यही कारण है की वीर्य का क्षय हमारे शरीर में खून की कमी पैदा नहीं करता।

## संभोग करना स्वास्थ्यकारक है

वैज्ञानिकों के मतानुसार वीर्य पारदर्शक जैसा स्वच्छ, गाढ़ा, भारी, सफेद रंग का, मधु के समान गंधवाला, लेसदार स्राव है, जो सेक्स ग्रंथियों के स्रावों से मिलकर बनता है। इसमें अंडकोषों में बने शुक्राणु (स्पर्म) होते हैं, जो संतानोत्पत्ति की क्षमता रखते हैं। एक बार के वीर्यपात में 2 से 5 सीसी वीर्य निकलता है, जिसमें करोड़ों की संख्या में शुक्राणु होते हैं। हमारे जननांगों में वीर्य का निर्माण निरंतर होता रहता है। इसका निरंतर बनते रहना यही दर्शाता है कि इसे संभोग क्रिया द्वारा अवश्य निकाला जाए, न कि हमेशा ब्रह्मचर्य का पालन कर संग्रह करके रखा जाए। पानी की टंकी जब भर जाती है, तो उसका पानी नल खोलकर न बहाया जाए, तब वह ओवर फ्लो होकर व्यर्थ बाहर बहने लगता है। ठीक वैसे ही शुक्राशय रूपी टंकी में अतिरिक्त जमा वीर्य स्वप्नदोष के जरिए समय-समय पर अपने आप निकल जाता है। अत: संभोग से आनंद प्राप्त कर वीर्यपात कर लेना नुकसानदेह नहीं, बल्कि स्वास्थ्यप्रद ही होता है।

## संभोग सुख, सौंदर्य भी बढ़ाता है

उल्लेखनीय है कि वीर्य की रासायनिक प्रकृति क्षारीय और गंध विशेष प्रकार की होती है। इसके 100 भाग में से 90 भाग जल, 3 भाग खटाई, एक भाग लवण तथा शेष 5 भाग अन्य पदार्थ होते हैं। वस्त्र पर गिरा वीर्य कपड़े को कड़क बना देता है। उत्तेजना की चरम अवस्था समाप्त होते ही शिश्न से वीर्य पिचकारी की भांति रुक-रुककर तीन चार बार में निकलकर योनि में चला जाता है। इसका कुछ अंश स्त्री के गुप्तांगों के ऊतकों द्वारा सोख लिया जाता है, जो स्त्री के लिए टॉनिक का कार्य करता है। यही कारण है कि विवाह के बाद नवयुवतियों का सौंदर्य और स्वास्थ्य निखर जाता है।

हमारे धार्मिक ग्रंथों, आयुर्वेद शास्त्रों, पुराणों और विद्वानों ने पुरुष के वीर्य को इतना अधिक महत्त्व प्रदान किया है कि वीर्य क्षय से ही मृत्यु और इसके धारण से ही जीवन है। यही ब्रह्म है, सृष्टिकर्ता है, शरीर को पुष्ट करने वाला है, अमृत तुल्य है, ऊर्जा है, यौन शक्ति का संचारक है। सुश्रुत, शारंगधर संहिता 5/12 और अन्य प्राचीन ग्रंथों में लिखा है कि जो भोजन हम सेवन करते हैं, उससे रस बनता है। रस पित्त की गर्मी से पचकर रक्त बनता है और फिर रक्त से मांस, मांस से मेद, मेद से अस्थि, अस्थि से मज्जा और मज्जा से वीर्य बनता है।

वीर्य बनने की इतनी लंबी प्रक्रिया जानकर और वीर्य को स्त्री संभोग में क्षय करने से शक्ति में कमी, थकान और कमजोरी आना जैसी धारणाओं के चलते आम आदमी इससे बचने का प्रयत्न करता है, जबकि वास्तविकता यह है कि पुरुष को मानसिक दबाव व रक्त परिभ्रमण की तीव्रता के कारण ही संभोग के बाद थकान और कमजोरी महसूस होती है, जिसकी पूर्ति शीघ्र ही हो जाती है, क्योंकि वीर्य बनने की प्रक्रिया हमारे जननांगों में निरंतर जारी रहती है। अतः अपने मन में पाले भय को निकाल फेंकें।

## वीर्यवर्धक पदार्थ

वीर्य को बढ़ाने के लिए नित्योपयोगी प्रमुख आहार प्याज, घी, अंडा, उड़द, दूध, साठी चावल, तिल-तेल, नारियल, छुहारा, खजूर, पिस्ता, बादाम, काजू, पका आम, मक्खन आदि का सेवन नियमित रूप से करना ही काफी होगा।

# शराब पीकर संभोग करने से पौरुष शक्ति बढ़ती है?

## ग़लतफ़हमी का आधार

आम लोगों में यह धारणा इसलिए बैठी है कि इससे स्तंभन होता है। यही वजह है कि संभोग में देर तक आनंद लेने के लिए लोग शराब का सेवन करते हैं। उनका यह मानना है कि संभोग की अवधि जितनी ही लंबी होगी, रति आनंद उतना ही अधिक मिलेगा। जबकि शराब के सेवन से न तो हमेशा स्तंभन शक्ति बढ़ती है और न यौन शक्ति। यह एक भ्रम मात्र है।

## शराब और संभोग

इसमें कोई संदेह नहीं कि शराब का सेवन करके संभोग करने वाले पुरुषों को पहले तो यह अनुभव अवश्य होता है कि उनकी स्तंभन शक्ति बढ़ गई है और उनको पहले से अधिक आनंद मिलता है, लेकिन फिर शराब उन पर हावी हो जाती है। इसका मादक प्रभाव शरीर तथा मस्तिष्क पर पड़कर उन्हें नशे का आदी बना देता है, क्योंकि जो पुरुष युवावस्था से ही शराब पीकर संभोग का आनंद उठाना शुरू कर देते हैं, कुछ समय बाद उन्हें महसूस होने लगता है कि उनकी उमंग और शक्ति का ह्रास होने लगा है और वे पहले जितना आनंद व शक्ति पाने के लिए अधिक मात्रा में शराब पीने लगते हैं। उल्लेखनीय है कि शराब की थोड़ी सी मात्रा ही स्तंभन काल बढ़ाने के लिए काफी होती है, लेकिन जब व्यक्ति इसका आदी होकर अधिक मात्रा में शराब पीकर संभोग करने का प्रयास करता है, तो अधिक नशे में धुत होने के कारण संभोग करने में असफल हो जाता है। शराब का प्रभाव खत्म होने पर अवसाद (डिप्रेशन) होता है, जिससे सारे शरीर में थकान, टूटन और पीड़ा होने लगती है लिहाजा फिर से शराब सेवन करने की जरूरत पड़ती है। शेक्सपीयर ने अपने नाटक 'मैकवेथ' में शराब के बारे में कहा है—''शराब उत्तेजित करती है, कामनाओं को बढ़ाती है, इच्छाओं को जगाती है, लेकिन उनको पूरा करने की शक्ति छीन लेती है।''

**नपुंसक बना सकती है शराब**

शराब की अधिक मात्रा लंबे समय तक लेते रहने से शरीर का हर अंग क्रियाहीन होकर सेक्स क्रियाशीलता को घटाकर, इसकी रुचि को ही समाप्त कर देता है। दुष्परिणामस्वरूप शिश्न और अंडकोष दोनों ही सिकुड़ जाते हैं। अंडकोष क्षतिग्रस्त होकर पुरुष अपनी संतानोत्पादन क्षमता तक खो देता है। जननेंद्रियों पर भी शराब का दुष्प्रभाव पड़ता है। कुछ लोग तो नपुंसक हो जाते हैं। वहीं कुछ दमा, यक्ष्मा, लकवा, पेप्टिक अल्सर आदि रोगों का शिकार भी हो जाते हैं।

**असामान्य संतान का प्रमुख कारण है शराब**

आपको यह जानकर आश्चर्य होगा कि रूस में नए जोड़े अपने मिलन के दौरान छककर शराब पीते हैं और असामान्य बच्चों को जन्म देते हैं। शराबी मां-बाप के जो बच्चे पैदा होते हैं, उनकी बुद्धि सामान्य बच्चों से 20 प्रतिशत कम होती है। असामान्य बच्चों में 5 प्रतिशत शराबखोरी की देन है।

**देर तक नहीं, उचित ढंग से संभोग करें**

ध्यान रखें, स्त्री दीर्घकाल तक संभोग करने से नहीं, बल्कि उचित ढंग से संभोग करने पर संतुष्ट व तृप्त होती है। पति-पत्नी में आकर्षण और प्यार ही सर्वोत्तम सेक्स टॉनिक है। स्विट्जरलैंड टेल्थ कौंसिल की एक रिपोर्ट के अनुसार बहुत सी तरकारी भी कामशक्ति बढ़ाती है। इनमें भिंडी, गाजर और बैंगन प्रमुख हैं। शोध के अनुसार बैंगन में लेट्र्यूस और एस्पेगैरस और भिंडी में आयरन, जिंक और विटामिन बी प्रचुर मात्रा में होती है। ये सभी तत्व कामशक्ति बढ़ाते हैं। लौंग की तरह दालचीनी चूसने वाले भी अपने साथी को संतुष्ट करने में सक्षम होते हैं। तरकारियों से ऊर्जा प्राप्त करने वाले हमेशा मजबूत बने रहते हैं। अतः स्वस्थ संभोग का भरपूर आनंद उठाने के लिए शराब का सेवन न करना ही उचित होगा।

# शराब के सेवन से महिलाओं में सेक्स क्रियाशीलता बढ़ती है?

## ग़लतफ़हमी का आधार

शराब के नशे में जब स्त्री उन्मुक्त होकर निर्लज्ज व्यवहार करने लगती है, तब पुरुष यह समझता है कि शराब के प्रभाव से उसकी सेक्स क्रियाशीलता बढ़ गई है। आजकल के अनेक आधुनिक परिवारों में पति शराब पीकर ऐय्याशी करते हैं। अपने पति का साथ देने और उनकी खुशी की खातिर पत्नी को भी मजबूरन शराब पीनी पड़ती है, ताकि उसका पति उसके पल्लू में बंधा रहे, उसे छोड़कर कहीं चला न जाए। जो पत्नी इसका विरोध करती है, तो पति के हाथों क्रूरतापूर्वक पिटती है। ऐसी पत्नी शौकिया शराब पीती नहीं, बल्कि जबरन पीने को मजबूर होती है।

कुछ महिलाओं का मानना है कि जब पुरुष शराब पी सकते हैं, तो हम क्यों नहीं पी सकते? चूंकि संभोग क्रिया में दोनों की बराबर सक्रियता होना जरूरी होता है, तभी दोनों को संतुष्टि और तृप्ति मिलती है। अत: जब महिलाएं हर क्षेत्र में मर्दों के साथ कंधे से कंधा मिलाकर चल रही हैं, तो शराब-कबाब के दौर में वे पीछे क्यों रहें। इसीलिए मर्दों की बराबरी करने की चाह के कारण भी महिलाएं शराब पीने लगी हैं।

## पुरुषों की अपेक्षा महिलाओं को अधिक नशा होता है

अमेरिकी वैज्ञानिकों के मतानुसार महिलाओं पर पुरुषों की तुलना में शराब का नशा जल्दी होता है, क्योंकि दोनों के उदर में अंतर होता है। शोध से पता चला है कि पुरुषों के उदर में रक्षात्मक एंजाइम महिलाओं की तुलना में ज्यादा बनता है। यह एंजाइम अल्कोहल शराब को खून में पहुंचने से पहले विखंडित करता है। यही कारण है कि एक महिला और पुरुष जब बराबर की मात्रा में शराब का सेवन करें, तो महिला को पुरुष की तुलना में नशा ज्यादा ही होगा। इसके अलावा पुरुषों की तुलना में महिलाओं की रक्त प्रणाली एक तिहाई ज्यादा अल्कोहल अवशोषित कर लेती है।

## शराब से कैंसर व गर्भपात की आशंका

अमेरिका में किए गए एक अध्ययन के अनुसार जो महिलाएं सप्ताह में तीन बार शराब पीती हैं, उनमें अन्य महिलाओं के मुकाबले स्तन कैंसर

होने की संभावनाएं डेढ़ गुना अधिक होती है। शराबी महिलाओं में लगातार गर्भपात और प्राथमिक अवस्था में गर्भ गिरने की घटनाएं ज्यादा होती हैं। कम मात्रा में शराब पीने वाली महिलाओं में भी पहले के तीन महीनों में गर्भपात की 15 प्रतिशत तक संभावना होती है। शराब में लिप्त रहने वाली महिलाओं के बच्चों में जन्मजात असामान्य विकृतियां पैदा होने की संभावनाएं 35 प्रतिशत होती हैं।

## गर्भाशय के रोग और अपंग संतान देती है शराब

अध्ययनों से यह भी ज्ञात हुआ है कि शराब पीने वाली महिलाओं में मासिक धर्म संबंधी गड़बड़ियां, गर्भ धारण, प्रजनन संबंधी, बांझपन, प्रसूति समस्याएं, गर्भाशय संबंधी अनेक रोग अधिक बढ़ जाते हैं। उम्र से पहले बुढ़ापा तथा समय से पहले रजोनिवृत्ति आ जाती है। शराब से न केवल उनका जीवन अस्त-व्यस्त हो जाता है, बल्कि उनमें काम निष्क्रियता भी आ जाती है और संभोग के दौरान चर्मोत्कर्ष पर न पहुंच पाने की शिकायत भी पैदा हो जाती है। इसके कारण भावी पीढ़ी को अनेक शारीरिक व मानसिक विषमताएं विरासत में मिलती हैं। जो मां-बाप शराब का सेवन करते हैं, उनके बच्चों में हृदय की अनेक बीमारियां बचपन से ही पनप जाती हैं। अतएव क्षणिक आनंद की अनुभूति बढ़ाने के चक्कर में शराब रूपी जहर का सेवन न करें।

# स्त्री की संतुष्टि के लिए शिश्न का बड़ा और मोटा होना जरूरी है?

### ग़लतफ़हमी का आधार

पुरुष की यह धारणा भ्रम मात्र है। शिश्न के आकार-प्रकार का वैवाहिक जीवन पर कोई असर नहीं होता। किसी भी आकार के शिश्न से स्त्री को चरमतृप्ति की सीमा का एहसास कराया जा सकता है। यदि पुरुष संभोग की तकनीकों को भली प्रकार से जानता हो, तो छोटा, पतला शिश्न रहते हुए भी सफल यौन संबंध स्थापित कर सकता है।

### 5 से.मी. की लंबाई संतुष्ट कर सकती है

जिस तरह प्रत्येक पुरुष चेहरे की शक्ल-सूरत, रंग-रूप, नाक, आंख और माथे की चौड़ाई अलग-अलग होती है, ठीक वैसे ही शिश्न की लंबाई, मोटाई और सेक्स उत्तेजना प्रत्येक पुरुष में अलग-अलग होती है। यदि किसी पुरुष के शिश्न की लंबाई उत्तेजित अवस्था में 2 इंच यानी 5 सेंटीमीटर से ज्यादा है, तो वह संभोग के मामले में पूरी तरह सफल हो सकता है। उसे चिंतित होने की जरूरत नहीं, क्योंकि स्त्री की योनि का अधिकतम 15 सेंटीमीटर तक का हिस्सा ही यौन सक्रिय होता है, जबकि प्रारंभ का 5 सेंटीमीटर हिस्सा ही सबसे ज्यादा अतिसंवेदनशील स्नायु के सिरों से युक्त होता है। शेष 10 सेंटीमीटर हिस्सा कम संवेदनशील होता है। इसलिए 5 सेंटीमीटर लंबाई युक्त शिश्न से भी स्त्री को पूरी तरह संतुष्ट किया जा सकता है।

### शिश्न की बनावट

उल्लेखनीय है कि पुरुष का शिश्न रबड़ जैसी 3 नलियों से मिलकर बना होता है। इसमें 2 नलियां ऊपर की तरफ और तीसरी नली नीचे की ओर रहती है। तीसरी नली के माध्यम से होकर पेशाब बाहर निकलती है। सामान्य अवस्था में खाली रहने के कारण ही शिश्न लटका हुआ सुस्त व छोटे आकार का होता है, लेकिन जब उत्तेजना पाकर संभोग के लिए तैयार होता है, तो इन तीनों नलियों में खून भरकर तनाव पैदा होता है, जिससे इसकी लंबाई, मोटाई बढ़कर शिश्न में कठोरता आती है। औसतन रूप से शिश्न की उत्थान अवस्था में लंबाई 4 से 7 इंच और स्त्री की

योनि की गहराई 3 से 6 इंच तक पाई जाती है। शिश्न की औसतन मोटाई 1½ इंच से 3½ इंच तक की होती है। इसी प्रकार योनि मुख भी 1½ से 3½ इंच तक होता है। कुंआरी लड़कियों का योनि मुख जहां सकरा होता है, वहीं विवाहित स्त्री का संभोग के बाद थोड़ा सा फैल जाता है। प्रसव के बाद तो काफी फैल जाता है। किसी-किसी स्त्री का तो 3 से 5 इंच का हो जाता है। लेकिन पुरुष का शिश्न एक बार पूर्ण विकसित होने के बाद हर अवस्था में उतना ही बड़ा बना रहता है। शांत अवस्था और उत्तेजित अवस्था में कुछ समय के लिए आकार-प्रकार में बदलाव अवश्य आता है।

## शिश्न का कार्य अंदर वीर्यपात करना

शिश्न का महत्त्वपूर्ण कार्य योनि में गहराई तक जाकर वीर्यपात करना और योनि में घर्षण कर स्त्री को संतोष प्रदान करते हुए स्वयं भी आनंद की अनुभूति प्राप्त करना होता है। सफल संभोग के लिए यह जरूरी है कि शिश्न सही समय पर दृढ़ता और कठोरता से उत्थित हो। चूंकि शिश्न की सुपारी के अग्र भाग में अनेक संवेदनशील तंत्रिकाओं का जाल होता है, जिससे आनंद की अनुभूति होती है। ठीक इसी प्रकार की संवेदनशील तंत्रिकाएं स्त्री की योनि के शुरुआती भाग पर पाई जाती हैं और ठीक उसके ऊपर संवेदनशील भगनासा पाई जाती है, जिससे रगड़ पाकर स्त्री को असीम सुख मिलता है।

## स्त्री को संभोग के समय शिश्न का आकार पता ही नहीं चलता

चूंकि स्त्री यौन अंग की दीवारें आपस में काफी मिली हुई होती हैं, इसलिए पुरुष का शिश्न चाहे जितना भी पतला क्यों न हो योनि की दीवारों के अंदर जाकर रगड़ तो पैदा कर ही सकता है, जिससे यौनानंद मिलता है। कई सेक्स आसन ऐसे हैं, जिनका सहारा लेकर छोटे शिश्न वाले पुरुष भी अपनी पत्नी की योनि में गहराई तक प्रवेश कराकर पूर्ण संतुष्टि पा सकते हैं। उल्लेखनीय है कि संभोग क्रिया के दौरान अकसर स्त्री को पता ही नहीं चलता कि पुरुष का शिश्न पतला और छोटा है।

**लंबे-मोटे शिश्न से मानसिक संतुष्टि होती है शारीरिक नहीं**

जिन पुरुषों का शिश्न सामान्य से अधिक बड़ा और मोटा होता है, जब वे जल्दबाजी में ऐसे शिश्न को योनि में बिना चिकने द्रव छूटे जबरन प्रवेश कराते हैं, तो स्त्री को बहुत तकलीफ होती है। सूखी योनि वाली स्त्री ऐसे शिश्न को पाकर अकसर दर्द के मारे तड़फ उठती है और संभोग कराने में डरती है। यहां तक की संभोग से मिलने वाले आनंद से भी बचना ही अधिक पसंद करती है। ध्यान रखें कि बड़ा शिश्न स्त्री को मात्र मानसिक संतोष देता है, शारीरिक संतुष्टि में तो कष्टप्रद ही होता है।

# संभोग की अवधि कुछ मिनटों की
# न होकर लंबे समय की होती है?

## ग़लतफ़हमी का आधार

यह सर्वथा गलत धारणा है। बढ़ा-चढ़ाकर अपनी मरदानगी के किस्से सुनाना कुछ युवा लोगों का शौक होता है। इसका असर सुनने वालों पर यह पड़ता है कि उनमें ग़लतफ़हमी पैदा हो जाती है कि संभोग का समय (रतिकाल) काफी लंबा होता है।

## वास्तविकता

सच्चाई तो यह है कि अधिकांश पुरुष योनि में शिश्न के धक्के शुरू होने के बाद आधे मिनट में ही स्खलित हो जाते हैं, तो कुछ पुरुष एक मिनट तक टिकते हैं और कुछ अधिक से अधिक दो मिनट तक। इस प्रकार देखें, तो ज्यादातर मामलों में पुरुष का वीर्यपात संभोग शुरू करने के 2 मिनट की अवधि में ही हो जाता है, क्योंकि वीर्य जल्दी ही गिरा करता है। इस कार्य में 15, 20 या 30 मिनट का समय नहीं लगता। कोई भी पुरुष इतने समय तक योनि में शिश्न का घर्षण नहीं कर सकता। डींग हाकने वाले भले ही कहें कि वे आधे घंटे तक संभोगरत रहते हैं। यह वाकई में सौ फीसदी डींग ही समझना चाहिए। इसमें सत्य लेशमात्र भी नहीं होता।

## संभोग काल मानसिक स्थिति पर निर्भर

उल्लेखनीय है कि संभोग की अवधि के संबंध में ऐसा कोई निश्चित नियम नहीं है, जो हर पुरुष के लिए एक हो। विभिन्न पुरुषों में यह अवधि भिन्न-भिन्न होती है, क्योंकि पुरुष का वीर्य जल्दी गिरे या देर से, इसके अनेक कारण होते हैं। उन्हीं कारणों के अनुसार आज जिस पुरुष का वीर्य आधे मिनट से भी कम समय में निकल जाता है, वही पुरुष कल को डेढ़ मिनट तक योनि में शिश्न से घर्षण कर सकता है। फिर उसे पुरुष की कमजोरी कैसे माना जा सकता है?

## बीमारी नहीं है शीघ्रपतन

यों तो संभोग क्रिया में वीर्य के जल्द निकल जाने को शीघ्रपतन की बीमारी कहते हैं, जो हर पुरुष को हुआ करती है। वास्तव में यह बीमारी नहीं हैं, बल्कि नितांत स्वाभाविक, शारीरिक और मानसिक प्रतिक्रिया मात्र है। शीघ्रपतन का कष्ट कभी स्थाई नहीं होता। यह अनुकूल मानसिक बल मिलते ही दूर हो जाता है।

## संभोग की अवधि बढ़ा सकते हैं आप

जो पुरुष अपनी स्नायविक उत्तेजना का नियंत्रण कर संभोग तकनीक में माहिर होते हैं, वे आधे घंटे से लेकर एक घंटे तक संभोग क्रिया को जारी रखते हैं। इसके लिए वे अपने पर संयम रखते हैं और संभोग में जल्दबाजी से काम नहीं लेते। तभी ऐसा कर पाना उनके लिए संभव हो पाता है। संभोग के दौरान रुक-रुककर घर्षण करना और जब लगे कि वीर्यपात होने का समय निकट आ गया है उस समय क्रिया को रोककर कुछ समय अपना ध्यान प्यार भरी बातों में लगाकर उसे बंटाने से संभोग की अवधि बढ़ सकती है।

## आनंद के कारण समय अधिक लगा महसूस होता है

वैसे तो संभोग हर व्यक्ति के लिए परम आनंददायक होता है और इसमें वह इतना लीन हो जाता है कि उसे अपना अस्तित्व तक याद नहीं रहता। इसीलिए संभोगकाल स्वभावत: लंबा प्रतीत होता है। लोग एक मिनट की अवधि को 5 मिनट की समझ लेते हैं, क्योंकि घड़ी की ओर एकटक एक मिनट का समय सेकंड की सुई से लगातार देखा जाए, तो महसूस होगा कि पूरा मिनट होने में काफी समय लगता है। अत: मन से यह भ्रम निकाल दें, कि संभोग की अवधि काफी लंबी होती है।

# मासिक धर्म के दौरान संभोग से परहेज करना चाहिए?

## ग़लतफ़हमी का आधार

यह धारणा हमारे देश में अधिक प्रचलित इसलिए है, क्योंकि हमारी मान्यताओं के अनुसार ऋतुमयी स्त्री को सर्वथा अस्पर्श्य माना जाता रहा है। यही कारण है कि उसे देवताओं का स्पर्श, पूजापाठ, मंदिर, तीर्थ-स्थल, व्रत उपवास करना, अचार, पापड़ छूना, भोजन बनाना, पीने के पानी को छूना, शृंगार करना, पति के साथ सोना यहां तक कि किसी व्यक्ति को छूना तक मना किया गया है। ऐसी मान्यताओं के चलते मासिक धर्म के दिनों में संभोग करना पाप समझा जाता है।

## कोई वैज्ञानिक आधार नहीं

मासिक धर्म के दौरान स्त्री को अशुद्ध मानने और उसे दैनिक कार्यों से मना करने का कोई वैज्ञानिक आधार नहीं है। आधुनिक सेक्स वैज्ञानिकों का कहना है कि गर्भावस्था की भांति मासिक धर्म के दिनों में भी संभोग किया जा सकता है, क्योंकि इन दिनों स्त्री अत्यधिक कामुक हो जाती है, जिससे संभोग कराने की अत्यंत तीव्र अभिलाषा जागृत होने से उसे संतुष्ट करना चाहिए।

दूसरी ओर पुरुषों में यह मान्यता प्रचलित है कि मासिक धर्म के दौरान संभोग करने से उन्हें गुप्त रोग लग सकते हैं। सिफलिस, गनोरिया, पेशाब में जलन, शिश्न मुंड की खुजली जैसी तकलीफें हो सकती हैं। मासिक धर्म में निकलने वाला योनि का स्राव दूषित होता है, जिससे संक्रमण बहुत जल्दी फैलता है। इस कारण मासिक धर्म के दिनों में पुरुष संभोग से दूर रहना ही पसंद करते हैं।

## बढ़ी हुई कामेच्छा को शांत करें

उल्लेखनीय है कि मासिक धर्म के दिनों में स्त्री पर आलस्य और स्नायविक तनाव का बोझ अधिक होता है। स्वभाव चिड़चिड़ा और शरीर भारी रहने लगता है। इसके अलावा सिर दर्द, पेट दर्द, पाचन क्रिया की गड़बड़ी, जनन अंगों का फूलना, कामोत्तेजना के कारण अधिक रक्तस्राव की परेशानी, संभोग से अधिक रक्तस्राव होने की चिंता के कारण भी स्त्री इन दिनों

संभोग कराने से डरती है और उससे बचना ही चाहती है। ऐसी परिस्थितियों में यदि दंपती 4-5 दिन संभोग न करें, तो दोनों को ही राहत मिलेगी। फिर भी यदि कामेच्छा अधिक हो, स्त्री-पुरुष पूर्ण स्वस्थ हों, स्त्री का स्राव संतुलित और पूर्ण निरापद हो, सफाई का पूर्ण ध्यान रखा गया हो, तो पुरुष कंडोम का प्रयोग कर संभोग करके अपनी कामेच्छा पूरी कर ले या स्त्री अपनी संतुष्टि करा ले, तो यह अनुचित नहीं कहा जा सकता।

# हस्तमैथुन करने से व्यक्ति नपुंसक हो जाता है?

## ग़लतफ़हमी का आधार

यह धारणा मिथ्या है। 100 में से 99 युवक अपने जीवन में कभी न कभी हस्तमैथुन अवश्य करते हैं, लेकिन उसे खुले तौर पर स्वीकार नहीं करते। यदि हस्तमैथुन करने से हर युवक नपुंसक हो जाता, तो आज किसी का भी दांपत्य जीवन खुशहाल न होता।

## हस्तमैथुन सहज और स्वाभाविक

पश्चिमी यौन विशेषज्ञ हस्तमैथुन करना एक स्वाभाविक कार्य मानते हैं। संभोग में पुरुष के शिश्न और स्त्री की योनि के बीच जो क्रिया होती है, वही क्रिया हस्तमैथुन के दौरान शिश्न और हाथ के तलवे (हथेली) के बीच संपन्न होती है। कामोत्तेजना शांत करने के लिए कोई सहयोगी स्त्री न मिले, तो फिर पुरुष के लिए हस्तमैथुन करने के अलावा कोई चारा नहीं रहता। इसलिए हस्तमैथुन करना जरूरी भी है और स्वाभाविक भी। क्योंकि कामोत्तेजना को शांत करना जरूरी है, अन्यथा इससे मानसिक कुंठा, मानसिक तनाव, स्नायविक दुर्बलता आदि अनेक तकलीफें पैदा हो जाती हैं। चूंकि इस कार्य में किसी स्त्री साथी का होना जरूरी नहीं होता, इसलिए व्यक्ति चाहे जब इसे अन्य यौन-क्रीड़ाओं की तुलना में सरलता से कर सकता है।

## अत्यधिक हस्तमैथुन हानिकारक

हस्तमैथुन से जब चरमसुख की अनुभूति होती है, तो व्यक्ति इस क्षणिक आनंद की अनुभूति के लिए इस क्रिया को बार-बार दोहराने लगता है। परिणाम यह होता है कि इसकी लत पड़ जाती है और जो व्यक्ति वर्षों तक इसे एक लत के रूप में दोहराता रहता है, रोजाना करता रहता है, यहां तक कि एक दिन में 2-3 बार करने लगता है, तो दुष्परिणामस्वरूप उसका चेहरा निस्तेज हो जाता है, शरीर में दुर्बलता आ जाती है, आंखें गड्ढे में चली जाती हैं, सिर भारी रहने लगता है, स्मरणशक्ति कमजोर हो जाती है, किसी काम में मन नहीं लगता है, मन हमेशा अपराधी के समान भयभीत रहता है और सोए रहने का मन करता है, किसी से आंखें मिलाकर बात करने की हिम्मत

नहीं होती है, लड़कियों और स्त्रियों से बात करने में घबराहट होती है, हाथ-पैरों के तलवों में अत्यधिक पसीना आने लगता है, शिश्न छोटा, पतला व शिथिल पड़ जाता है, आत्महत्या करने की प्रबल इच्छा होती है, एकांत में रहना अच्छा लगता है, हीन भावना हावी हो जाती है, मानसिक तनाव रहने लगता है और उन्माद, स्वप्नदोष, शीघ्रपतन, प्रमेह, आंशिक नपुंसकता, बहुमूत्र जैसी तकलीफें भी होने लगती हैं।

## संभोग और हस्तमैथुन में अंतर

लेक्सींगटन स्थित यूनिवर्सिटी ऑफ केंटकी में किए गए शोध से पता चला है कि हस्तमैथुन से निकले वीर्य और संभोग करने से निकले वीर्य में काफी अंतर होता है। संभोग करते समय पूर्ण शारीरिक और मानसिक उत्तेजना उत्पन्न होने से वीर्य में मौजूद शुक्राणुओं की संख्या और गुणवत्ता दोनों में सुधार होता है, जबकि हस्तमैथुन से ऐसा असर नहीं होता। संभोग के समय प्राक् क्रीड़ा (फोरप्ले) करने से शुक्राणु की संख्या व गुणवत्ता बढ़ती है।

उल्लेखनीय है कि अत्यधिक हस्तमैथुन करने वालों का स्नायुतंत्र कमजोर हो जाता है और लिंग की शिराएं भी ढीली पड़ जाती हैं, जो आगे चलकर नपुंसकता की स्थिति को जन्म दे सकती हैं। जिस प्रकार व्यायाम करने से हमारे शरीर की मांसपेशियां बढ़कर सुदृढ़ होती है, वैसा शिश्न के मामले में नहीं होता, क्योंकि इसमें मांसपेशियाँ ज्यादा नहीं, उत्तेजनशील ऊतक, नसें (नाड़ियां) ही अधिक होती हैं। शिश्न के अत्यधिक व्यवहार से उत्तेजनशील ऊतक बढ़ते नहीं, बल्कि अनुचित दुर्व्यवहार से उनकी शक्ति में कमी अवश्य आ जाती है।

## सीमित हस्तमैथुन गलत नहीं

एक सीमा के अंदर किया गया हस्तमैथुन उतना बुरा नहीं होता, जितना कि बताया जाता है। मन पर काबू रखकर मजबूरी में कभी-कभार किया गया हस्तमैथुन शारीरिक नुकसान नहीं पहुंचाता। नपुंसकता पैदा होने का तो सवाल ही पैदा नहीं होता। केवल मानसिक भय से व्यक्ति अपने में नपुंसकता का अनुभव करता है। निर्भय होकर, निश्चिंत मन से पूर्ण आत्मविश्वास के साथ किया गया संभोग कभी निराशाजनक नहीं होता।

# 10वें दिन से 17वें दिन तक की अवधि गर्भाधान के लिए ज्यादा अनुकूल होती है?

## ग़लतफ़हमी का आधार

आमतौर से ज्यादातर लोग यही जानते और मानते हैं कि मासिक धर्म प्रारंभ होने के दिन से 10वें और 17वें दिन तक की अवधि गर्भधारण के लिए सबसे ज्यादा अनुकूल होती है। इसी कारण संतान चाहने वाले दंपति आयुर्वेद के मतानुसार जब पुत्र पैदा करने की इच्छा हो, तो मासिक धर्म होने के दिन से 4, 6, 8, 10, 12, 14 और 16वीं रात्रि को और जब कन्या उत्पन्न करनी हो, तो मासिक धर्म होने के दिन से 5, 7, 9, 11, 13 और 15वीं रात्रि को गर्भधारण करने के उद्देश्य से संभोग करते हैं। इस मान्यता का आधार इसलिए बना कि समरात्रि (युग्म) तिथियों में वीर्य की प्रबलता और विषम (अयुग्म) तिथियों में रज की प्रबलता होती है। लेकिन गर्भधारण के बारे में निश्चित रूप से भविष्यवाणी कर पाना असंभव-सा है। इस मामले में ईश्वर का कानून चलता है। 10वें और 17वें दिन तक की अवधि के अलावा भी गर्भधारण की संभावनाएं इससे भी कहीं ज्यादा दूसरा मासिक धर्म आने के पूर्व तक अर्थात् पूरे 28 दिन बनी रहती हैं।

## गर्भधारण के बारे में धारणा

आम धारणा यह है कि मासिक धर्म के पहले और बाद के 8-10 दिन ऐसे होते हैं, जिनमें स्त्री की डिंबनलिका में शुक्राणु से संयोग करने के लिए डिंब उपस्थित नहीं होता। किंतु अलग-अलग महिलाओं में यह समय अलग-अलग है। डिंब अकसर मासिक धर्म शुरू होने के 3 दिन बाद निकलता है। कभी-कभी 5 या 6 दिन के बाद, तो कभी-कभी 10 से 15 दिनों बाद भी डिंब निकलता है। इसी वजह से डिंब की उपस्थिति में गर्भ कभी भी ठहर सकता है, क्योंकि शुक्राणु दो दिन तक और स्त्री डिंब एक दिन तक जीवित रह सकता है। इसीलिए परिवार नियोजन के उद्देश्य से अपनाए जाने वाले पीरियड 'सुरक्षित काल' में फ्री संभोग करना पूर्ण सफल उपाय नहीं माना जाता।

## अलग-अलग दिनों में गर्भधारण

अमेरिका के नेशनल इंस्टीट्यूट ऑफ एन्वायरमेंटल हेल्थ साइंसेस के शोधकर्ताओं द्वारा किए गए अध्ययन में 25-35 उम्र की ऐसी 213 स्वस्थ महिलाओं का चुनाव किया, जो गर्भधारण की कोशिश कर रही थीं। नतीजों से ज्ञात हुआ कि उनमें से सिर्फ 30 प्रतिशत महिलाएं ही उन 6 खास दिनों में गर्भधारण कर सकीं। जबकि 70 प्रतिशत महिलाओं ने मासिक धर्म के शुरुआती चौथे दिन या फिर मासिक धर्म के अंतिम 28वें दिन गर्भधारण किया। जिन्हें ठीक 28वें दिन मासिक धर्म आ जाता था, उन महिलाओं के गर्भधारण में भी बहुत सारी भिन्नताएं पाई गईं। अत: उनका कहना है कि सामान्य स्वास्थ्य रखने वाले दंपती को सिर्फ केलेंडर देखकर संभोग करने से गर्भधारण करने की इच्छा पूरी ही हो, संभव नहीं है। जिन्हें संतान पाने की इच्छा हो, वे दंपती बिना किसी गर्भनिरोधक साधन को अपनाए हफ्ते में 2-3 बार नियमित रूप से संभोग जरूर करते रहें।

# संतान उत्पन्न न होने में
# केवल स्त्री ही दोषी होती है?

## ग़लतफ़हमी का आधार

यह सर्वथा गलत धारणा है। हमारे पुरुष प्रधान समाज में यदि किसी दंपती के यहां संतान नहीं हो पा रही है, तो लोगबाग उसका सारा दोष स्त्री को देकर उसे बांझ करार करने से नहीं चूकते, जबकि कई बार इसमें पुरुष भी दोषी होता है। यह एक विडम्बना ही है कि जब कोई विवाहित स्त्री अपने बांझपन की वजह से बच्चे को जन्म देने में असमर्थ होती है, तो आस-पड़ोस, रिश्तेदार-नातेदार, ससुराल वाले सभी उसे ताने मारते हैं, कोसते हैं, जलील करते हैं, शुभ कामों में उसे अशुभ मानते हैं, लेकिन जब कोई पुरुष अपनी नपुंसकता के दोष, सेक्स ज्ञान की अज्ञानता, शुक्राणुओं की कमी, शुक्राणुओं का शक्तिशाली न होना आदि कारणों से अपनी पत्नी को गर्भवती बनाने में असमर्थ रहता है, तो कोई भी उसको कुछ कहने की हिम्मत नहीं करता।

## संतान न होने में पति-पत्नी दोनों जिम्मेदार

संतान न होने में पति-पत्नी दोनों समान रूप से जिम्मेदार होते हैं। चिकित्सा शास्त्र में हुए अनुसंधानों से ज्ञात हुआ है कि संतान न होने की स्थिति में 30 प्रतिशत पति, 30 प्रतिशत पत्नी और 30 प्रतिशत दोनों संयुक्त रूप से जिम्मेदार होते हैं तथा 10 प्रतिशत कारणों की जानकारी अभी तक अज्ञात है।

## पुरुषों में अनेक कारण हो सकते हैं गर्भ न ठहरा सकने के

पुरुषों में संभोग की विधि की अनभिज्ञता, वीर्य में शुक्राणुओं की कमी या बिलकुल न होना, शुक्राणुओं की असामान्य बनावट, रचना विकृति या शक्तिशाली न होना, उनमें तेजी से गति करने की ताकत न होना, अंडकोष पर कभी लगी चोट के कारण शुक्राणु का उत्पादन न होना, शुक्र वाहक नली का संक्रमण के कारण बंद होना, जन्मजात दोष के कारण शुक्र का अभाव होना, बचपन में स्माल पाक्स, हर्निया, हाइड्रोसिल जैसे रोग होना आदि दोष प्रमुखता से पाए जाते हैं।

**महिलाओं में गर्भ न ठहरने के प्रमुख कारण**

महिलाओं में 36 से 44 प्रतिशत में फैलोपियन ट्यूब में खराबी, संक्रमण से रुकावट, 26 से 44 प्रतिशत में अंडाणु का समय पर निर्मित न होना, 1 से 10 प्रतिशत गर्भाशय में सूजन, 1 से 3 प्रतिशत असामान्य हार्मोन थायराइड ग्रंथि की कम या अधिक क्रियाशीलता से थायराक्सिन हार्मोन का स्राव बाधित होना, अचानक प्रोलेक्टीन हार्मोन का स्राव बढ़ना, अधिक मोटापा, मानसिक रोग, मानसिक तनाव, जननांगों का संक्रमण, योनि मार्ग की गड़बड़ी, नींद की गोलियां खाना, बार-बार गर्भपात होना, गर्भाशय मुख का अत्यंत छोटा होना, मनोवैज्ञानिक प्रभाव, टी.वी., अंडाशय से अंडाणु न निकलना, एनीमिया, मधुमेह आदि कारणों या दोषों से संतान पैदा नहीं होती।

उल्लेखनीय है कि अंडाशय की सक्रियता और अंडाणु का निर्माण गोनैडोट्रापीन हर्मोन के स्राव पर निर्भर करता है, जिसका स्राव पिट्यूटरी ग्रंथि के द्वारा होता है। इन स्रावों में असामान्यता, गड़बड़ी या कमी होने से अंडाशय की सक्रियता, अंडाणु का निर्माण तथा मासिक स्राव की सारी प्रक्रियाएं गड़बड़ा जाती हैं। कार्पस प्यूटियम हार्मोन के स्राव की कमी या बंद हो जाने पर मासिक स्राव में कमी आ जाती है या बिलकुल ही बंद हो जाता है। परिणामस्वरूप निषेचित अंडाणु गर्भधारण नहीं कर पाता।

**औसतन 10 फीसदी महिलाओं को गर्भधारण की समस्या**

आमतौर पर विवाह के पश्चात् जब पति-पत्नी निरंतर सहवास करते हुए और परिवार नियोजन का कोई साधन न अपनाते हुए जीवन व्यतीत करते हैं, तो 80 प्रतिशत महिलाएं एक साल के अंदर ही गर्भवती हो जाती हैं और 10 प्रतिशत दूसरे वर्ष में। केवल 10 प्रतिशत महिलाएं मासिक धर्म की गड़बड़ी, योनि संक्रमण के रोग, गर्भाशय में सूजन आदि कारणों से गर्भधारण नहीं कर पातीं। पति-पत्नी के पूर्ण तंदुरुस्त होने पर भी कभी-कभी अज्ञात कारणों से गर्भाधान नहीं होता। अतः घबराने की जरूरत नहीं है। अब चिकित्सा विज्ञान ने इतनी प्रगति कर ली है कि संतानहीन दंपतियों के लिए संतान प्राप्ति के अनेक आधुनिक तरीके निकल आए हैं। आमतौर पर जिन दोषों के कारण संतान नहीं हो रही हो, उसे दूर करने पर संतान हो जाती है। इसके अलावा कृत्रिम गर्भाधान कराने, टेस्ट ट्यूब बेबी पैदा करने की तकनीकें भी निकल आई हैं।

# नसबंदी कराने से पुरुष की पौरुष शक्ति कम हो जाती है?

### नसबंदी से संभोग में अधिक स्वतंत्रता

यह डर बिलकुल निराधार है कि नसबंदी करा लेने के बाद पुरुष की पौरुष शक्ति में कमी आ जाती है या वह 'नामर्द' हो जाता है। बल्कि भविष्य में संतानोत्पत्ति का खतरा दूर हो जाने से मन में निश्चिंतता से संभोग करने की प्रेरणा मिलती है। इससे पौरुष बल और भी बढ़ जाता है। चूंकि यौन क्रिया का नियंत्रण मानसिक रूप से अधिक होता है, तो ऐसे में निश्चित होकर दृढ़ मन से संभोग किया जाए, तो कामशक्ति बढ़ने के साथ-साथ अधिक यौन सुख प्राप्त होता है।

### नसबंदी से यौन तृप्ति पर प्रभाव नहीं

पुरुष की कामशक्ति पर नसबंदी का दुष्प्रभाव नहीं पड़ता, क्योंकि इस आपरेशन में पुरुष की काम-ग्रंथियों को छेड़ा ही नहीं जाता। अतः न तो पुरुष की कामवासना कम होती है और न संभोग की शक्ति में कमी आती है। स्त्री को संतुष्ट करने में भी कोई कसर बाकी नहीं रहती है व यौन तृप्ति में किसी प्रकार का अंतर नहीं पड़ता।

### नसबंदी के बाद वीर्य तो निकलता है लेकिन शुक्राणु नहीं

नसबंदी करा लेने के बाद भी संभोग करने पर वीर्य पहले की तरह ही निकलता है, लेकिन इस वीर्य में शुक्राणु नहीं होते। शुक्राणुवाहिनी नलिकाओं को बांध देने के कारण शुक्राणु शरीर के बाहर नहीं जा पाते हैं। ये शरीर में ही घुलकर रह जाते हैं और इस प्रकार शरीर के स्वास्थ्य में ही सहायक होते हैं। यानी पुरुष का स्वास्थ्य सुधर जाता है, जिसके कारण बुढ़ापा जल्दी नहीं आता। इस प्रकार देखें, तो 40 वर्ष के बाद नसबंदी आपरेशन कराने से शरीर का कायाकल्प ही हो जाता है।

अमरीका के अनुसंधानकर्ताओं का कहना है कि नसबंदी कराए हुए व्यक्तियों का स्वास्थ्य सामान्य व्यक्तियों की अपेक्षा अधिक अच्छा होता है और वे अधिक दिन तक जीते हैं।

### सेक्स का आनंद बढ़ जाता है नसबंदी के बाद

सेक्स विशेषज्ञों का मत है कि नसबंदी कराने से किसी प्रकार की

नपुंसकता या नामर्दी पैदा नहीं होती, बल्कि इसके बाद पुरुष में शीघ्रपतन की शिकायत भी धीरे-धीरे दूर हो जाती है। शिश्न में पहले की अपेक्षा अधिक तनाव व सुदृढ़ता आने लगती है। यौन क्षमता बढ़ जाने से संभोग करने की इच्छा अधिक होती है। इस प्रकार पति-पत्नी में प्रेम अधिक बढ़ता है और वे एक-दूसरे के अधिक निकट आ जाते हैं। केवल पूर्वाग्रह के कारण कुछ पुरुषों को मनोवैज्ञानिक कारणों से ऐसा लगने लगता है कि उनमें संभोग शक्ति पहले की अपेक्षा कम हो गई है। ऐसे पुरुषों को सेक्स रोग मनोचिकित्सक से मिलकर अपने मन के संदेह को दूर कर लेना चाहिए।

# कंडोम का प्रयोग करने से सेक्स रोगों के होने की संभावना खत्म हो जाती है?

### ग़लतफ़हमी का आधार

सच्चाई इसके विपरीत है, क्योंकि कंडोम के प्रयोग करने से सेक्स रोगों का खतरा कम जरूर हो जाता है, लेकिन गारंटी से पूरी तरह खत्म होने का दावा नहीं किया जा सकता। यही वजह है कि संक्रामक गुप्त रोगों से ग्रस्त व्यक्ति से पूर्ण सुरक्षित यौन संबंध रखना आज तक संभव नहीं हो पाया है।

### कंडोम की खोज रोगों से बचाव के लिए हुई

उल्लेखनीय है कि प्रारंभ में कंडोम की ईजाद मुख्य रूप से यौन संपर्क से फैलने वाली बीमारियों (Sexually Transmitted Diseases), जिसे संक्षिप्त में STD कहा जाता है, जो पहले वेनेरियल डिसीसेज (Veneral Diseases) V.D. के नाम से जानी जाती थी, से बचाव के लिए की गई थी। फिर समय-समय पर किए गए अनेक परिवर्तनों का परिणाम यह हुआ कि आजकल अत्यंत पतले रबर के बने इलेक्ट्रोनिक तरीके से जांचे-परखे अनेक ब्रांड के लेटेक्स कंडोम बाजार में उपलब्ध हैं।

### पुरुष कंडोम काफी हद तक सुरक्षित है

कंडोम पहनने से शिश्न पूर्ण रूप से ढक जाता है और उस पर एक प्रकार का सुरक्षात्मक आवरण चढ़ जाने से वह अनेक सेक्स रोगों के संक्रमण से बच जाता है। प्रयोगों से ज्ञात हुआ है कि कंडोम सिफलिस, गनोरिया, एड्स को रोकने में काफी प्रभावशाली साबित हुआ है। इलेक्ट्रोनिक माइक्रोस्कोप से जांचे-परखे लेटेक्स कंडोम से न तो वायरस और न ही बैक्टीरिया के जीवाणु प्रवेश कर पाते हैं। शुक्राणु से 25 गुना छोटे एड्स के वायरस भी कंडोम की झिल्ली को पार नहीं कर पाते हैं, फिर भी विभिन्न शोधों से ज्ञात हुआ है कि एड्स रोकने में कडोमों की असफलता का 17 प्रतिशत रहा है।

### महिला कंडोम अधिक कारगर

थाइलैंड में पुरुष और महिला कंडोम के इस्तेमाल के बारे में एक तुलनात्मक अध्ययन करने पर ज्ञात हुआ है कि महिला कंडोम यौन संक्रमण से होने

वाली बीमारियों को रोकने में पुरुषों के कंडोम के मुकाबले कहीं अधिक सफल और कारगर है। इस अध्ययन के अनुसार महिला कंडोम यौन संक्रमित बीमारियों की रोकथाम में पुरुष कंडोम के मुकाबले 34 फीसदी अधिक कारगर है। महिला कंडोम के इस्तेमाल से असुरक्षित सेक्स के मामले 25 फीसदी कम हो जाते हैं। अब तक 16 विकासशील देशों में 40 लाख से अधिक महिला कंडोम की बिक्री हो चुकी है। महिला कंडोम पोलीयूरेथिन से बना होता है, यह लेटेक्स जिससे पुरुषों के कंडोम बनते हैं की तुलना में 40 फीसदी अधिक मजबूत होता है। महिलाओं के स्वास्थ्य के क्षेत्र में कार्यरत फीमेल हेल्थ इंटरनेशनल के अध्ययनों के अनुसार महिलाएं अपने लिए विशेष तौर पर बनाए गए कंडोम को पसंद करती हैं और अन्य महिलाओं को भी इनका इस्तेमाल करने की सलाह देती हैं।

# गर्भावस्था में संभोग करना छोड़ देना चाहिए?

## ग़लतफ़हमी का आधार

यह धारणा मिथ्या है। इस मान्यता का प्रचलन इसलिए रहा है कि प्राचीन काल में हमारा धर्म, संस्कृति गर्भवती के साथ संभोग करने की अनुमति बिलकुल नहीं देता था, अब समय के साथ वैज्ञानिक जानकारी उपलब्ध होने पर डॉक्टरों ने कुछ छूट अवश्य दे दी है, क्योंकि आज के युग के पति के पास न इतना संयम है और न धैर्य, जिससे वह पत्नी के गर्भवती होते ही 9 महीनों के लिए संभोग करना एकदम छोड़ दे।

## गर्भावस्था में संभोग सहजता से करें

गर्भावस्था में संभोग न करने का विचार लोगों के मन में मात्र इस भय से अधिक आता है कि कहीं इससे गर्भपात न हो जाए। सेक्सोलाजिस्टों का कहना है कि गर्भावस्था में संभोग पूर्णतया छोड़ना जरूरी नहीं है। जरूरत इस बात की है कि गर्भावस्था में योनि का संकुचन-प्रसारण अधिक बढ़ जाता है, इसलिए इसमें जल्दबाजी नहीं करनी चाहिए। संभोग एक सीमा में हो, क्रीड़ा आक्रामक न हो, सेक्स संबंध आराम से बिल्कुल सरल ढंग का हो, पेट पर अधिक दबाव न पड़े, शिश्न का प्रवेश अधिक गहराई तक न किया जाए, अधिक घर्षण और विविध आसनों का प्रयोग न हो, संभोग की तकनीक में विशेष आसनों के जरिए परिवर्तन किया जाए तथा मां और गर्भस्थ शिशु की पूरी जांच-पड़ताल करके निश्चय किया जाए कि सब कुछ सामान्य स्थिति में हो, तो संभोग किया जा सकता है। चिकित्सकीय जांच के आधार पर सावधानी बरतते हुए पूरे 9 माह तक संभोग करने में कोई समस्या खड़ी नहीं होती। इसके अलावा आपसी सामंजस्य, सहानुभूति और प्रेम पूर्वक किया गया व्यवहार सभी खतरों को दूर कर देता है।

## गर्भावस्था में संभोग चाहती है नारी

अमेरिका के डॉक्टर फोर्ड एवं बीच का कहना है कि अमेरिकन समाज में बहुसंख्यक दंपती गर्भ की संपूर्ण या अधिकतम अवधि में संभोग करते हैं। उल्लेखनीय है कि गर्भावस्था में स्त्री की संभोग इच्छा बहुत बढ़ जाती

है। वह अपनी योनि के मार्ग में बड़ी खुजली महसूस करती है, जिस कारण शिश्न घर्षण की इच्छा होती है। अत: उसकी इच्छा की पूर्ति अवश्य करनी चाहिए, अन्यथा भविष्य में पैदा होने वाला शिशु आगे जाकर विलासी बनता है।

## पहले तीन माह में विशेष सावधानी बरतें

चिकित्सकीय अनुभव यह बतलाते हैं कि गर्भावस्था के प्रथम 3 माहों में गर्भपात का सबसे अधिक खतरा रहता है। जिन स्त्रियों को पूर्व में गर्भपात या असमय प्रसव होने की प्रवृत्ति रही हो, उन्हें संभोग से परहेज कर उचित देख-रेख व चिकित्सा करानी चाहिए।

## इन परिस्थितियों में संभोग न करें

गर्भावस्था कि वे विशेष परिस्थितियां जिनमें डॉक्टर भी संभोग करने की मनाही करते हैं-जब प्लासेंटा नीचे आ गया हो, योनि से रक्तस्राव हो रहा हो, बार-बार गर्भपात होने की शिकायत हो, प्रसव पूर्व प्रसव वेदना का खतरा हो, झिल्ली में दरार हो चुकी हो, संभोग क्रिया में दर्द हो, योनि मे कोई संक्रमण हो, त्वचा का रोग हर्पिस हुआ हो तो स्त्री रोग विशेषज्ञ (गायनोकोलाजिस्ट) से परामर्श अवश्य लें।

किसी परिस्थितिवश यदि कुछ समय संभोग से परहेज करना आवश्यक हो जाए, तो पत्नी से प्रेम प्रदर्शन हेतु स्पर्श, आलिंगन व चुंबन जारी रखें। उसे खुश रखें। इच्छित चीजें खिलाएं। उससे मुंह न मोड़ें।

# बुढ़ापे में सेक्स का आनंद नहीं लिया जा सकता?

## ग़लतफ़हमी का आधार

यह धारणा गलत है। सेक्स क्रिया का संबंध मन और मस्तिष्क से है। जो पुरुष बड़ी उम्र में अपने को कमजोर या अयोग्य समझ लेते हैं, जीवन के प्रति उनमें उत्साह की कमी आ जाती है। वैवाहिक समस्याओं या स्नायु दुर्बलता के कारण जो लोग सेक्स से विमुख रहते हैं, वे 60 की उम्र के बाद संभोग क्रिया नहीं कर पाते हैं। उनकी मनोदशा का ही परिणाम यह होता है कि सक्षम होते हुए भी अपने को इस कार्य हेतु असक्षम समझ बैठते हैं।

## बड़ी उम्र में सेक्स जरूरी

उल्लेखनीय है कि सेक्स भावना मानव शरीर को सक्रियता प्रदान करती है और यह सक्रियता स्वास्थ्य के लिए परमावश्यक है। जब तक कामेच्छा मौजूद हो और यौन क्षमता एवं शक्ति कायम रहे, स्त्री-पुरुष को संभोग अवश्य करना चाहिए। पुरुष की कामेच्छा तो 80-90 की उम्र में भी बलवती होती है और आंगिक शक्ति भी संभोग करने के लायक बनी रहती है। ऐसे में संभोग से परहेज करना कतई उचित नहीं है। बड़ी उम्र में तो सेक्स से बढ़कर पूरी उम्र जीने का दूसरा कोई सहारा नहीं होता। अत: आप तमाम उम्र सेक्स का भरपूर आनंद उठा सकते हैं।

## महिलाएं 75 वर्ष और पुरुष 88 वर्ष तक संभोग में पूर्ण सक्षम

स्वीडन के डॉ. लार्स निलसन ने एक अस्पताल के 1600 बुजुर्गों के अध्ययन के बाद यह निष्कर्ष निकाला है कि जो लोग वृद्धावस्था में भी सेक्स क्रीड़ा से विमुख नहीं होते, उनकी याददाश्त बनी रहती है। जो वृद्ध यौन संबंधों से नाता तोड़ लेते हैं, उनकी बौद्धिक क्षमता कम होती जाती है। अध्ययन से यह भी ज्ञात हुआ है कि 70 वर्ष की आयु के 50 प्रतिशत पुरुष और 40 प्रतिशत महिलाएं यौन संबंध बनाए रखते हैं। 75 वर्ष की आयु में 33 प्रतिशत पुरुष और 20 प्रतिशत महिलाएं यौन संबंधों में सक्रिय पाई

गई हैं। 80 वर्ष की सभी महिलाएं सेक्स संबंध से विरक्त पाई गईं, जबकि पुरुष 88 वर्ष की आयु में पहुंचकर सेक्स से विरक्त पाए गए।

**60 वर्ष के बाद सप्ताह में एक बार संभोग**

शिकागो (अमेरिका) यूनिवर्सिटी के विशेषज्ञों द्वारा 60 वर्ष से ज्यादा उम्र के 6,000 जोड़ों के विवाहित जीवन का एक सर्वे किया गया, जिसमें यह नतीजा निकला कि 37 प्रतिशत लोग सप्ताह में कम से कम एक बार संभोग अवश्य करते हैं।

**कॉफी पीने वाले संभोग में अधिक सक्रिय**

मिशिगन यूनिवर्सिटी के शोधकर्ताओं ने 60 वर्ष से अधिक उम्र के 744 विवाहित जोड़ों का अध्ययन कर पाया कि कॉफी न पीने वाले 38 प्रतिशत के मुकाबले कॉफी पीने वाले 62 प्रतिशत जोड़े यौन संबंधों के मामले में संतुष्ट पाए गए। यही नहीं उत्तेजना के क्षणों में कॉफी पीने वाले पुरुषों का लिंग भी ज्यादा देर तक सख्त रहा।

**रुचि ही सफलता देती है**

इसमें कोई संदेह नहीं कि वृद्धावस्था में उम्र बढ़ने के साथ-साथ सेक्स हार्मोंस का बनना कम होता जाता है, जिसके कारण यौन शक्ति एक-सी नहीं बनी रहती। सेक्स उत्तेजना में आई कमी आने के कारण शिश्न के उत्तेजित होकर कठोरता व तनाव आने में अपेक्षाकृत अधिक वक्त अवश्य लगता है, लेकिन यदि व्यक्ति में संभोग के प्रति रुचि बनी रहे, तो कोई कारण नहीं कि वह संभोग में सफलता न पाए।

**इस्ट्रोजन की कमी से योनि में सूखापन**

बड़ी उम्र की महिलाओं में इस्ट्रोजन हार्मोन की मात्रा शरीर में कम होने के कारण रजोनिवृत्ति काल में योनि शुष्कता (सूखापन) की समस्या पैदा हो जाती है, जिसके कारण संभोग कराने में काफी कष्ट होता है। इसे दूर करने के लिए संभोग से पूर्व योनि में चिकनाई लगाई जा सकती है।

**वजन घटने से बढ़ती है संभोग की इच्छा**

ड्यूक यूनिवर्सिटी के डायट एंड फिटनेस सेंटर के रोनेट एल. कोलोट्किन ने 64 व्यक्तियों पर वजन घटाने के परिणाम का अध्ययन किया और पाया कि वजन घटाने से सेक्स लालसा और यौन आकर्षण की भावना में उल्लेखनीय सुधार आता है। अतः वृद्धावस्था में हलका-फुलका व्यायाम,

पैदल घूमना जारी रखने से न केवल सेक्स पावर बढ़ेगी, बल्कि संभोग का समय भी बढ़ेगा। इसके अलावा संतुलित, हलका, पौष्टिक, वीर्यवर्धक भोजन करना सेक्स जीवन को खुशहाल बनाता है।

# हृदय रोगियों को संभोग से परहेज करना चाहिए?

**ग़लतफ़हमी का आधार**

यह मिथ्या भ्रम है। हार्ट अटैक व अन्य हृदय रोगों से निवृत्त रोगी को अकसर उससे मिलने-जुलने वाले परिचित, मित्र, रिश्ते-नातेदार संभोग के प्रति इतना भयभीत कर देते हैं कि उसमें अस्थाई नपुंसकता आ जाती है। लेकिन जैसे-जैसे उसका वहम, भय अपने डॉक्टर से प्राप्त जानकारी के आधार पर दूर होता जाता है, संभोग शक्ति वैसे-वैसे बढ़ जाती है और वह अपने को सामान्य महसूस करता है।

**वास्तविकता**

आधुनिक खोजों से ज्ञात हुआ है कि अब हृदय रोगी भी संभोग सुख का आनंद उठा सकते हैं। सेक्स विशेषज्ञों का मत है कि हार्ट अटैक के बाद स्वस्थ होने पर 80 प्रतिशत रोगी अपना सेक्स जीवन बिना किसी खतरे के बिता सकते हैं। शेष 20 प्रतिशत रोगी एक सीमा तक खतरे के संकेत पर नजर रखते हुए संभोग कर सकते हैं। ये खतरे के संकेत सांस की उखड़ी-उखड़ी गति, हृदय की धड़कनों का बढ़ना, सीने का दर्द, नाड़ी की तेज गति आदि से पहचाने जाते हैं।

**संभोग के जोश में धड़कनें बढ़ना स्वाभाविक**

उल्लेखनीय है कि सभी हृदय रोगियों के लिए संभोग करना खतरनाक नहीं होता, भले ही इससे अस्थाई तौर पर दिल की धड़कन बढ़ जाती हो, सांस तेज चलने लगती हो या रक्तचाप ही क्यों न बढ़ जाता हो। संभोग के दौरान रक्त संचार बढ़ने से ही जोश आता है, स्फूर्ति मिलती है, शिश्न में कठोरता आती है, तब कहीं जाकर वह संभोग करने लायक बनता है।

**सीने में दर्द नहीं है तो संभोग कर सकते हैं**

सामान्यतया यदि हृदय रोगी के साथ कोई अन्य जटिल शारीरिक या मानसिक समस्या न हो तो वह दिल के दौरे के 8 सप्ताह बाद से संभोग करना शुरू कर सकता है। कभी-कभी विशेष परिस्थितियों में 6 महीने या इससे भी अधिक समय तक संभोग करने की मनाही की जाती है।

ऐसे रोगियों को जिन्हें संभोग करने के बाद सीने में दर्द होने लगे, सांसें छोटी हो जाएं, थकान का अनुभव होने लगे, तो उन्हें और अधिक विश्राम करने की आवश्यकता होती है, ताकि वे थोड़ी और शक्ति अर्जित कर लें। फिर अपने दिल की क्षमता का सही ज्ञान प्राप्त करने के लिए स्ट्रेस टेस्ट करा लें। इससे जब यह पता चल जाए कि टेस्ट नेगेटिव है, तो व्यक्ति सामान्य सेक्स जीवन जी सकता है।

**तनाव, शराब या चोरी-छिपे संभोग हानिकारक**

यूं तो नियमित व्यायाम, एस्प्रिन और बीटा ब्लाकर्स औषधियों के सेवन के बाद हार्ट अटैक का खतरा काफी कम हो जाता है, लेकिन यदि आप संभोग से पूर्व शराब और गरिष्ठ भोजन करेंगे, तनाव में रहकर अपरिचित जगह में प्रेमिका के साथ रंगरलियां मनाएंगे, चोरी-छिपे पर-स्त्री से संभोग करेंगे, तो आपके हृदय की धड़कनें काफी बढ़ जाएंगी और हृदय पर अधिक बोझ पड़ेगा, जिससे हार्ट अटैक का खतरा अवश्य बढ़ जाएगा। अतः इनसे बचना ही बेहतर होगा।

ध्यान रखें कि संभोग के दौरान या बाद में यदि सीने में दर्द का अनुभव हो, तो तुरंत ही अपने डॉक्टर द्वारा लिखी मात्रा में (5 से 10 मिलीग्राम) नाइट्रोग्लीसरीन की गोली जैसे सोर्बिट्रेट जीभ के नीचे लेकर चूसना न भूलें। इसे हमेशा अपनी जेब में ही रखना चाहिए, क्योंकि हृदय रोगियों के लिए यह एक जीवनदायिनी औषधि है। इसके उचित समय पर सेवन न करने से मौत भी हो सकती है।

# एड्स रोगी व्यक्ति के स्पर्श, उसके कपड़े, बर्तन आदि के संपर्क या चुंबन आदि से फैलता है?

## ग़लतफ़हमी का आधार

यह गलत धारणा है, क्योंकि सच्चाई इसके विपरीत है। एड्स के वायरस एच.आई.वी. से ग्रस्त व्यक्ति को छूने से, उससे हाथ मिलाने, उसके शरीर को छू जाने, उसके साथ खेलने, काम करने, साथ-साथ खाना खाने, उसके कपड़े, बर्तनों का इस्तेमाल करने, उसके द्वारा पकाए खाने को खाने से यह बीमारी नहीं लगती। हलके चुंबन, मच्छरों या अन्य कीड़ों के काटने, स्वीमिंग पूल या शौचालय में जाने, बाथरूम में नहाने से भी एक दूसरे को इंफेक्शन नहीं लगता।

## चार तरह से फैलता है एड्स

एड्स का वायरस 4 तरीकों से एक व्यक्ति से दूसरे व्यक्ति में फैलता है—

1. बगैर हिफ़ाजत (कंडोम के बिना) किसी ऐसे व्यक्ति के साथ यौन संपर्क करना, जिसे एच.आई.वी. पॉजिटिव (एड्स) हो।

2. किसी ऐसे व्यक्ति का खून लेने से जिसे एड्स हो।

3. एड्स के रोगी को लगाए इंजेक्शन की निडिल से इंजेक्शन लगवाना।

4. एड्स पीड़ित माता की संतान को पैदाइश के दौरान या उसके तुरंत बाद। संक्रमण से युक्त बच्चा पैदा होने का प्रतिशत 35 से 40 तक होता है। उल्लेखनीय है कि यौन रोग संक्रमण से इस वायरस के फैलने का प्रतिशत 70 से 80 तक होता है, जबकि असुरक्षित रक्तदान से 7-8 प्रतिशत लोग संक्रमित होते हैं। एक से दो प्रतिशत लोग समलैंगिक (गुदामैथुन) संबंधों के कारण भी संक्रमित होते हैं।

## महिला अधिक होती हैं एड्स की शिकार

आमतौर पर एड्स का खतरा ज्यादातर 15 से 40 वर्ष की उम्र के लोगों में होता है। क्योंकि इसी उम्र में ज्यादा संभोग सुख प्राप्त करने की लालसा होती है, जिसकी वजह से एक से ज्यादा व्यक्ति से सेक्स संबंध बनाए

जाते हैं। दुनिया भर के आंकड़ों के मुताबिक एड्स के शिकार होने वाले लोगों में महिलाओं की संख्या पुरुषों से ज्यादा होती है, क्योंकि महिलाओं की योनि की दीवार पर शिश्न से घर्षण होने के कारण जलन होने से यहां पर टी-लिंफोसाइट्स ज्यादा संख्या में मौजूद होते हैं, जो कि एड्स वायरस के लिए शरीर में घुसने का रास्ता आसान बना देते हैं।

किसी तरह हमारे शरीर में जब एड्स का वायरस घुसने में कामयाब हो जाता है, तो सबसे पहले टी-लिंफोसाइट (टी-सेल) में घुसने के बाद वायरस अपना घर बना लेता है और पूरी जिंदगी वहीं रहता है। धीरे-धीरे वहां से निकल-निकलकर एड्स वायरस नए टी-सेलों में अपना घर बना लेते हैं और यह सिलसिला जारी रहता है। जब किसी व्यक्ति में टी-सेल्स की संख्या 200 से कम हो जाती है, तो वह पूरे तौर पर एड्स का केस हो जाता है। एड्स के पूरे लक्षण 5 से 10 वर्ष के बाद तक उभर सकते हैं।

## अन्त में....

हम आशा करते हैं कि प्रस्तुत पुस्तक से आपकी संभोग की मिथ्यक धारणाओं संबंधी अधिकांशत: जिज्ञासाओं का समाधान हो गया होगा। स्वास्थ्य संबंधी अन्य गलतफहमियों की जानकारी के लिए आप हमारे यहाँ से इस विषय पर प्रकाशित कोई दूसरी पुस्तक लेकर अपने ज्ञान में वृद्धि कर सकते हैं।

www.ingramcontent.com/pod-product-compliance
Lightning Source LLC
Chambersburg PA
CBHW071344290326
41933CB00040B/2295